Tecnología De

Wifi
en todo el mundo

David Bjerklie

Autor contribuyente

Timothy Pasch, Ph.D.
University of North Dakota

Créditos de publicación

Rachelle Cracchiolo, M.S.Ed., *Editora comercial*
Conni Medina, M.A.Ed., *Gerente editorial*
Nika Fabienke, Ed.D., *Realizadora de la serie*
June Kikuchi, *Directora de contenido*
Caroline Gasca, M.S.Ed., *Editora*
John Leach, *Editor asistente*
Sam Morales, M.A., *Editor asistente*
Lee Aucoin, *Diseñadora gráfica superior*
Sandy Qadamani, *Diseñadora gráfica*

Créditos de imágenes: págs.4–5 Sergey Nivens/Alamy Stock Photo; págs.12–13 fotografía por Timothy J. Pasch; págs.14–15 Galaxiid/Alamy Stock Photo; págs.18–19 CB2/ZOB/proporcionada por WENN.com/ Newscom; págs.20–21 ilustración por Timothy J. Bradley; pp.22–23 Hero Images Inc./Alamy Stock Photo; todas las demás imágenes de iStock y/o Shutterstock

Teacher Created Materials
5301 Oceanus Drive
Huntington Beach, CA 92649-1030
http://www.tcmpub.com
ISBN 978-1-4258-2711-3
© 2018 Teacher Created Materials, Inc.
Made in China
Nordica.102017.CA21701217

Contenido

Búsqueda de conexión 4

El envío de señales 6

Conectándonos 10

Ideas innovadoras 16

El poder de la conexión 24

Glosario 28

Índice 29

¡Échale un vistazo! 30

¡Inténtalo! 31

Acerca de los autores 32

Búsqueda de conexión

Imagina que estás sentado en clase. ¿Estás en la primera fila? ¿O te gusta sentarte en la última? La jornada escolar está por terminar. El maestro asigna una tarea a la clase. Necesitarás usar una computadora. Y el trabajo debe entregarse mañana por la mañana.

Te desanimas porque sabes que no podrás terminarlo. Comprendes la tarea y deseas hacer un buen trabajo. Pero no podrás hacerlo porque no puedes conectarte a **internet** desde tu casa.

Libre acceso

Internet se conoció a principios de la década de 1990. Desde entonces, cambió la manera en que muchos estudiantes hacen la tarea.

Excluidos

En Estados Unidos, millones de niños no pueden conectarse a internet. En algunas zonas de África y Asia (ve el mapa de arriba) también son muchos. Algunas familias no saben qué es internet. Otras no pueden pagar para conectarse. Y algunas viven en zonas de difícil acceso.

El envío de señales

Hoy es fácil enviar mensajes. Las personas pueden usar un teléfono o una computadora. Crear estos inventos tardó mucho tiempo y fue un arduo trabajo. Pero valió la pena el esfuerzo. Ahora, la comunicación es mucho más rápida.

Hace muchos años, las personas encontraron la manera de enviar mensajes por medio de cables. A esto se lo llamó "telégrafo". Los primeros teléfonos también usaban cables.

Luego, los inventores descubrieron cómo enviar mensajes por el aire. El primer dispositivo que logró hacerlo fue la radio. Después apareció la televisión. Hoy también pueden enviarse imágenes. Todavía usamos cables y ondas de radio para enviar mensajes.

Cables y ondas

Vivimos en un mundo de **redes**. Estas transmiten mensajes, música, voces y videos. Podemos usar las redes para aprender sobre el mundo.

Una mujer usa un telégrafo para enviar un mensaje.

Antes de los mensajes de texto

Los telegramas se parecen a los mensajes de texto. Pero se usaba un código especial abreviado para escribirlos. Los mensajes viajaban por cables. Cuando se inventaron en 1844, fue la manera más rápida de enviar mensajes.

7

La tecnología mejora todo el tiempo. Los cables también se perfeccionan. Hoy contamos con cables llamados **cables de alta velocidad**. Llevan internet a los pueblos y las ciudades. También existen equipos especiales que permiten que las personas se conecten a internet sin usar cables. A esto se lo denomina "wifi".

Las personas usan wifi en sus hogares. También lo usan en restaurantes y cafeterías. Hasta lo usan en trenes y aviones. Esto significa que más personas pueden usar internet. Lo usan para leer y para aprender. También lo usan para escuchar música y para ver videos.

En todo el mundo

Más de tres mil millones de personas usan internet en todo el mundo. Sin embargo, ¡aún hay más de cuatro mil millones que no están conectados! Pero este número está cambiando lentamente.

Los primeros cinco puestos

En estos cinco países está la mayor cantidad de personas que se conecta a internet.

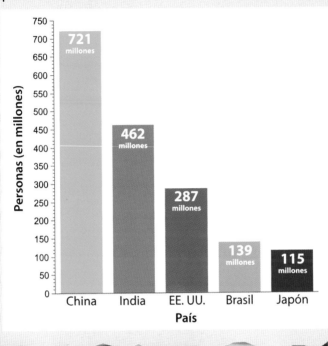

Estas personas usan internet en un café en China.

Conectándonos

Internet hace que el mundo parezca más pequeño. Logra que las personas se relacionen con más facilidad. Puedes enviar un mensaje a un amigo que vive en tu ciudad. O puedes enviar mensajes a amigos de todo el mundo.

Cada vez más personas se conectan a internet. Sin embargo, muchos aún viven en lugares que no son fáciles de acceder por cables de alta velocidad. Esto puede hacer que se sientan desconectados del mundo. Los niños que viven en Arviat, en el **Ártico**, suelen sentirse de esta manera.

La aldea global

"Internet se está convirtiendo en la plaza principal de la aldea global del futuro".

—Bill Gates, fundador de Microsoft

Vivir en el norte

Arviat es una ciudad ubicada en la bahía de Hudson, de una zona de Canadá llamada Nunavut. Se encuentra en el Ártico. Es el hogar de los inuit. Viven allí desde hace miles de años.

golfo Amundsen

Isla Victoria

canal M'Clintock

estrecho de Lancaster

estrecho de Davis

Isla de Baffin

golfo de Boothia

golfo Queen Maud

R I O S   D E L   N O R O E S T E

bahía de Ungava

lago Great Sl...

Dubawnt

Arviat

bahía de Hudson

QUEBEC

lago Athabasca

Nelson

Seal

bahía James

La Grande Rivière

SASKÁTCHEWAN

N. Saskatchewan

Saskatchewan

MANITOBA

lago Winnipegosis

lago Winnipeg

O N T A R I O

Albany

Los niños de Arviat quieren estar en contacto. Desean relacionarse con el resto del mundo. Para lograrlo, hacen videos sobre su vida y sus tradiciones. Se filman unos a otros cazando. También pescando. Además, filman a los osos polares. También hacen videos sobre sus dificultades.

Sin embargo, para poder compartir más videos necesitan una conexión a internet más rápida. Las nuevas tecnologías podrían ayudar. Les permitirán compartir su trabajo con el mundo. Y también podrán ver cómo viven otras personas.

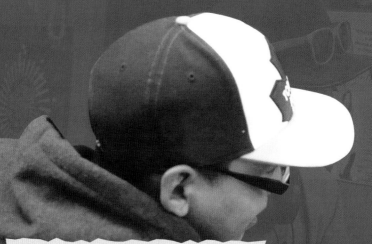

Excursiones

Internet nos permite aprender sobre lugares que nunca visitaremos. Las personas de todo el mundo pueden compartir en línea sus historias y sus casas. ¡Puedes observar selvas tropicales, desiertos y ciudades lejanas!

Las condiciones en el Ártico

¿Cómo es Arviat? En el Ártico, los días son muy largos en verano. Las noches son muy largas durante el invierno. Además, hace mucho frío en invierno. ¡El viento es muy fuerte y hay tormentas de nieve!

Unos estudiantes de Arviat planean su próximo video.

Compartir es cuidar

Los habitantes de Arviat tienen muchas historias de vida para contar. Estas son algunas de las que quieren compartir contigo.

"Quiero contar a los niños sobre los *inuksuit* y cómo se hacen".
—Huluk Suluk

"Quiero mostrar a las personas cómo secamos la carne de **caribú** y recolectamos huevos de gansos salvajes".
—Eva Suluk

"Deseo enseñar a las personas sobre el **canto de garganta** de los inuit. Es difícil. Lo aprendí cuando era joven".
—Nuatie Aggark

"Quisiera enseñar a los demás sobre la esperanza. Qué significa la esperanza para mí".
—Ethan Tassiuk

Una voz para todos

La Organización de las Naciones Unidas (ONU) se formó en 1945. Ayuda a los países a trabajar juntos. Protege los **derechos humanos** de las personas de todo el mundo. La ONU quiere que todos los países se conecten a internet. De esa manera, las personas pueden estar en contacto entre sí.

Una mujer de la zona sostiene una herramienta tradicional usada por los inuit.

Ideas innovadoras

Antes se necesitaban cables para que los teléfono funcionaran. Las computadoras necesitaban cables para conectarse a internet. Tus padres o tus abuelos recuerdan esa época. Pero las cosas han cambiado. Hoy en día, estos dispositivos no siempre necesitan cables. Usan wifi. Para que el wifi funcione, es necesario que se conecte a redes más grandes. Los cables de alta velocidad hacen que esto sea posible.

Estas redes más grandes son como caminos que conectan ciudades. Si tu conexión es rápida, entonce el camino que tienes cerca cuenta con muchos carriles. La información, al igual que los automóviles en una carretera, se mueve rápidamente.

Si las redes más grandes son como los caminos, el wifi es como el acceso a cada hogar. Para conectarnos, necesitamos ambos.

Cable submarino

En 1858 se instaló un cable telegráfico en el fondo del mar. Este cable conectaba Irlanda con Canadá. Los cables de este tipo son muy resistentes. Pero pueden dañarse. Los **arrastreros** han dañado cables. Los terremotos también pueden dañarlos. ¡Algunos cables han sido mordidos por tiburones!

Internet por lo alto y por lo bajo

Hay conexiones por todos lados, desde el fondo del mar hasta el cielo. Los satélites **orbitan** la Tierra y emiten señales de internet en todo el mundo.

Globos

Los inventores están desarrollando nuevas maneras de prestar servicio de internet. Google® es un empresa famosa que comenzó como un buscador. Está investigando maneras para que más personas puedan conectarse. Está usando grandes globos para crear una red. Los globos usan **láseres** para emitir señales de internet. Se necesitan muchos globos para que una red de globos funcione.

Los globos deben flotar durante bastante tiempo. En un principio, solo podían mantenerse en el aire durante una semana. Pero actualmente pueden flotar durante casi 200 días. ¡Eso es más de seis meses! Pueden volar a más de 11 millas (18 kilómetros) de altura; es decir, mucho más alto que un avión.

Algo más que aire caliente

Los globos tienen distintos tamaños. Algunos son tan resistentes que pueden transportar personas. Se llaman "globos aerostáticos". Las personas pueden dar un paseo en una cesta que cuelga de uno de estos grandes globos.

Alto en el cielo

Los globos en red tienen **helio** en su interior para que sean más livianos que el aire. Cada uno mide 39 pies (12 metros) de altura y 49 pies (15 metros) de ancho. Es difícil mantener los globos en un lugar. Son llevados por las corrientes de aire.

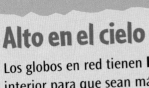

Drones

Facebook® es otra empresa que quiere crear una red en el cielo. Usa aviones sin pilotos. Estos aviones se llaman "drones". Se los hace volar por control remoto. El proyecto se denomina Aquila, que significa "águila" en **latín**. Los drones usan energía solar. Vuelan a una altura superior a 10 millas (16 kilómetros). Esto es mucho más arriba de la zona donde se desarrolla el clima de la Tierra.

Casi todos los drones son muy pequeños. Pero estos drones son excepcionalmente grandes. Miden 141 pies (43 metros) de punta a punta. Los drones pesan 1,000 libras (454 kilogramos). Es menor que el peso del automóvil más liviano.

Mini satélites

Otra forma de crear una red es usar satélites pequeños. Se lanzarían miles al espacio. Cada satélite tendría el tamaño de una tostadora. ¡Imagina un grupo de tostadoras flotando en el espacio! ¿Podrían brindar conexión a internet? Sí, si hay suficientes.

WIFI DRONE
PLAN VIEW

dibujo de un
dron solar

Con los pies en la tierra

Hay muchas ideas para acercar internet a las personas. No todas están en el aire. También hay muchas ideas de soluciones en la tierra. Este es un ejemplo. En muchos lugares, los autobuses escolares tienen wifi. De esta manera, los niños pueden hacer la tarea cuando viajan hacia o desde la escuela. Algunos de estos mismos autobuses también ayudan después de la escuela. ¿Cómo? Durante la noche, se estacionan en vecindarios que no tienen internet. Esto significa que los niños pueden conectarse también desde sus casas.

Internet rodante

En algunas áreas remotas de Australia no hay conexión a internet. Los habitantes tratan de usar automóviles **robustos** equipados con wifi. Los vehículos crean una red móvil. Esto puede servir en casos de emergencia. Se están probando estos autos como un sistema de mensajes. Esta idea podría funcionar también en otras zonas.

Trenes conectados

Las personas quieren usar internet mientras viajan. Hay millones de pasajeros de tren. Muchas empresas están intentando resolver este problema. Están trabajando juntas. Quieren brindar wifi gratuito en los trenes.

El poder de la conexión

Internet nos ayuda de muchas maneras. Nos brinda información. Sirve para trabajar. Ayuda a los estudiantes con sus tareas escolares.

También ayuda de otras formas. ¿Qué pasaría si vivieras lejos de una ciudad? Estás enfermo y necesitas ayuda. No hay ningún hospital cerca. ¿Qué puedes hacer?

Tener la posibilidad de conectarse a internet marca una gran diferencia. Brinda acceso a información médica. Incluso permite comunicarse con médicos y enfermeros que están a cientos de millas de distancia.

El futuro de la agricultura

¿Qué tan secos están los campos? ¿Los insectos se están comiendo los cultivos? ¿Cómo estará el tiempo la semana próxima? Toda esta información puede recopilarse y compartirse con los agricultores mediante internet.

¿Cuál es el próximo paso?

Personas de todo el mundo pueden acceder a internet. La mayor parte de la información en internet está en inglés. ¿Es esto un problema? Algunas personas piensan que sí. Temen que el inglés desplace a otros idiomas.

Una forma de impedirlo es asegurándose de que se utilicen muchos otros idiomas en internet. Esto logrará que otras culturas e idiomas se mantengan vivos. De esta manera, más personas pueden usar su propio idioma. Pueden aprender sobre diferentes lugares. Y también sobre distintas culturas. Estar conectados no significa que todos hagamos lo mismo.

inglés

francés

neerlandés

chino

japonés

italiano

coreano

español

ruso

alemán

tailandés

Poniéndose al día

Los investigadores observan qué idiomas son los que más se usan en internet. Investigaron los diez millones de sitios web más visitados. Descubrieron que en más de la mitad se usa el inglés. El ruso está en segundo lugar. Se usa aproximadamente en 6 de cada 100 sitios.

¿Cómo se dice?

Una forma de lograr que internet hable el idioma de una persona es por medio de traductores. Pueden pasar las palabras de un idioma a otro. ¿Alguna vez has usado uno?

Glosario

arrastreros: barcos pesqueros que arrastran redes pesadas por el fondo del mar

Ártico: el extremo norte del mundo

cables de alta velocidad: cables especiales que pueden transmitir información

canto de garganta: forma tradicional de canto y representación musical

caribú: especie de reno que habita Norteamérica

derechos humanos: derechos y libertades básicos

helio: gas que es más liviano que el aire y que se usa para hacer que los globos floten

internet: red global que conecta millones de computadoras

inuksuit: hitos de piedra fabricados por el hombre, que sirven para comunicarse y orientarse

láseres: rayos intensos de luz concentrada

latín: idioma de la antigua Roma y su imperio

orbitan: giran alrededor

redes: sistemas con partes conectadas

robustos: de construcción fuerte

Índice

África, 5

agricultura, 24

Aquila, 20

arrastreros, 16

Arviat, 10–14

Asia, 5

Australia, 22

autobús, 22

Brasil, 9

cables de alta velocidad, 8, 10, 16

Canadá, 11, 16

caribú, 14

China, 9

cultivos, 24

derechos humanos, 15

dron, 20–21

Estados Unidos, 5, 9

Facebook, 20

Gates, Bill, 10

Google, 18

helio, 19

Hudson, bahía de, 11

India, 9

inuit, 11, 14–15

inuksuit, 14

Irlanda, 16

Japón, 9

láseres, 18

latín, 20

Naciones Unidas, 15

Nunavut, 11

red, 6, 16, 18–22

satélite, 17, 20

tiburón, 16

tren, 23

¡Échale un vistazo!

Libros

Anniss, Matt. 2014. *How Does Wi-Fi Work?* Gareth Stevens Publishing.

Páginas web

EveryoneOn. everyoneon.org.

Office of Educational Technology. *ConnectED*. www.tech.ed.gov/connected/.

Project Loon. x.company/intl/es-419_es/loon/.

Artículos

Hempel, Jessi. "Inside Facebook's Ambitious Plan to Connect the Whole World". www.wired.com/2016 /01/ facebook-zuckerberg-internet-org/.

Kang, Cecilia. "Bridging a Digital Divide That Leaves Schoolchildren Behind". www.nytimes. com/2016/02/23/technology/fcc-internet-access-school.html.

Polo, Juan Diego. "Google Station, el proyecto de WiFi, llegará a todo el mundo". wwwhatsnew. com/2016/09/27/google-station-el-proyecto-de-wifi-llegara-a-todo-el-mundo/.

¡Inténtalo!

¿Tu abuela, tu abuelo u otro familiar mayor usan internet? Si lo hacen, pregúntales para qué. Si no lo hacen, ayúdales a encontrar motivos para conectarse. ¿Cómo puede resultar útil internet a las personas mayores? ¿De qué maneras diferentes usas tú internet?

Conviértete en periodista y anota las respuestas en un cuaderno. Anima a tus amigos a hacer lo mismo. ¡Luego comparen sus resultados!

Acerca de los autores

David Bjerklie estudió biología y antropología en la Universidad de Dakota del Norte y pasó tres meses estudiando el playero manchado en una isla pequeña. Ha escrito sobre ciencia, medicina, tecnología y el medioambiente para *TIME*, *TIME FOR KIDS* y *TIME Books*. Es autor de libros para niños y adultos jóvenes. En 2014, viajó a la Antártida como becario de la Fundación Nacional de Ciencia.

El doctor Timothy Pasch (coautor del capítulo "Conectándonos") es profesor de comunicación digital en la Universidad de Dakota del Norte. Estudia el impacto de la tecnología en los idiomas y las culturas. Viaja al Ártico para ayudar a las comunidades remotas a conectarse en línea. El doctor Pasch habla inglés, francés y japonés. Aún está aprendiendo el idioma de los inuit, inuktitut, ¡del cual dice que es el más difícil de todos!